Weinmüller ◆ Himmel voller Asphalt

D1720367

Für Karotine!
Herzlichst

Gruss die
Weinmüller

Gerlinde Weinmüller

HIMMEL VOLLER ASPHALT

Gedichte

EDITION GARAMOND

Die Drucklegung dieses Buches wurde unterstützt von der
Kunst- und Kulturförderung des Landes Salzburg und dem
Kulturamt der Stadt Salzburg.

Edition Garamond
A-1130 Wien, Elßlergasse 17
Tel. +43 1 877 04 26
Fax +43 1 876 40 04
D-45473 Mülheim a. d. Ruhr
Dr.-Simoneit-Straße 36
Lektorat: Susanna Harringer
Zeichnung auf dem Umschlag von
Christina Herzog
Druck und Bindung: Melzer, Wien
© 2001 Alle Rechte vorbehalten
ISBN 3-85306-014-5

Die Deutsche Bibliothek – CIP-Einheitsaufnahme
Weinmüller, Gerlinde:
Himmel voller Asphalt : Gedichte / Gerlinde Weinmüller. - Wien ;
Mülheim a. d. Ruhr : Ed. Garamond, 2001
ISBN 3-85306-014-5

Die Edition Garamond im Internet unter
http://www.guthmann-peterson.at

Inhalt

HERBST

WINTER

NACHKLANG

EINSTIMMUNG / AUFTAKT

Lesen

Loslassen Lärm
und die Last der Straßen.
Lächelnd hinein
in den Tunnel der Zeit!
Langsam da flattern
die Buchstabenfedern,
lustvoll und leicht
und entführungsbereit.

Leutegeknäuel
umspinnen wie Fäden,
rollen die Wolle
ins Endlosstück.
Abende, teuer,
bespannen die Schirme,
lassen dein Leben
als Tropfen zurück.

Leise erst lähmen
die Seiten den Alltag,
geben schon
leuchtende Bilder frei.
Leere Gedanken
lernen das Reisen,
wecken dich wartend
mit einem Schrei.

Leben und tanzen
lass lustvolle Laute

in deinem Himmel
voller Asphalt!
Bersten schon wollen
die wortreifen Beeren,
pflücke und lese
und trinke sie bald.

Leidenschaft

Wie weiche, warme Tücher
leg ich all meine Bücher
mir um den Leseleib.
Nenn du es Zeitvertreib!
Ich nenn es atmen,
leben.

fenster

```
mein fenster fließt und ruht mein
fenster fließt und ruht mein fenster
fließt                    fließt
und                       und
ruht                      ruht
mein                      mein
fen                       fen
ster                      ster
fließt                    fließt
und                       und
ruht mein fenster fließt und ruht
es harrt und wird ein teil von uns
```

Bei mir zu Hause

Mein Wal singt und bläst
sein Lied in mein Haus.

Wir haben ein Segel gespannt
mitten im Raum.
Es wird uns licht,
wenn die Nacht all
die Antworten gibt
auf das Fallen des Tages.

Dann sucht dein Mond
in den Steinen des Lichts
sein Gesicht.
Der Hase lauscht still
den Tritten der Zeit und
Sonnen erblühen
im Bild.

Die Mauer gibt alle Wasser
preis für den Fensteraugenblick
Glück.
Der Garten ist Gast bei Tisch.
Mein Kind duftet nach Brot.

Vieles ist gut.

Dämmerung

Sieh,
die Zauberstunde ist da.
Der Berg wird ruhig und steigt
heraus als Scherenschnitt.
Schnee trägt er unter den Achseln.
Die Muscheln von einst bringen den Schlaf.

Die Nacht
überblendet den Tag.
Vorsichtig, langsam. Keine
Stunde bleibt allein.
Grün wird schwarz, und der Teich
ist bereit.
Der Mond wird schwimmen gehen.

Zwischen
noch nicht und
schon da werden die Worte geboren.
Sie trinken das schwebende Nichts und
bleiben als Tropfen zurück.
Am Morgen taut es Gedichte.

Hin Leben

Auf dich hin leben heißt:
Du bist die geahnte Möglichkeit
meines Lebens.

Vielleicht ist das der
Schlüssel zum Glück.

ich suche dich

ich suche dich morgens
wenn das licht die mauern aufbricht
um im haus zu baden

ich suche dich mittags
wenn die sonne gefräßig bei tisch sitzt
um meine letzten träume zu trinken

ich suche dich abends
wenn die fackeln den brunnen umtanzen
um deine kühnsten wünsche zu zünden

ich suche dich nachts
wenn die sterne mit mir das bett teilen
um dein gesicht zu gebären

Sternengeburt

Der Stern,
den ich nachts pflückte,
gebar mir am Morgen
ein Lächeln.

Jetzt hab ich ein Geschenk
für dich.

Nachtgedicht

Ich liege auf dem Leben,
das Ohr an deiner Brust.
Wir lassen Hände weben,
bis du sie lösen musst.

Den ebenersten Kuss
noch warm in meinem Mund.
Ein lichtbeschäumter Fluss
wellt sachte bis zum Grund.

Ich bette mein Gesicht
in dieses Armenest.
Die Welt vergisst sich nicht.
Dagegen halt mich fest!

Ich liege auf dem Leben,
das Haar an deiner Haut.
Sekunden sind gegeben,
einander so vertraut.

Manchmal am Tag

Manchmal am Tag
legst du Arme wie
Flügel um mich.
Ihr Rauschen zeugt
ein Gedicht.
Lautlos berühre ich dich
und die Sterne verneigen sich
wartend.

Mitten am Tag
kreisen Monde und
tropfen ihr Wachs
ins geöffnete Herz.
Strahlen, betrunken
von Hitze, benetzen
die Lippen. Die Erde
tanzt mir weit fort.

Manchmal des Nachts
singt dein Duft mir
drei Worte ins Ohr.
Ich zähle die Boten und
schicke sie zärtlich
zurück. Sie weben sich
sachte in deinen Traum
und lassen mich hoffen.

Ab- und Aufgesang

Es regnet.
Du kommst und gehst und
tränkst mein Leben.
Die Seerosen schließen sich.
Sie warten.
Du öffnest meine Kelche und
ich dufte voraus.

Es regnet.
Du kommst und gehst und
suchst deinen Klang.
Die Tropfen lassen die Blätter wippen.
Wie Tasten drückt sie der Regen.
Die Grüntöne tanzen
am Lindenklavier.
Ich pflücke mir deinen Kuss
und pflanze ihn ein.

Es wintert.
Du kommst und gehst und
schneist in meine Gedanken.
Der Baum ist kahl.
Er träumt von den Nestern
des Frühlings und wärmt sich
mit fallendem Schnee.
Ich finde den Weg in mein Beet.
Die Decke ist leicht.
Ich bette die Hände in
kussvolle Erde.

Es taut.
Du kommst und gehst und
findest die Spuren.
Der Teich erwacht und trinkt
das Eis.
Du blühst mir entgegen
und gestern wird heute und
damals ein Jetzt.

FRÜHLING

.

Schnee von gestern

Die Erde trinkt den alten Schnee.
Schon öffnet sie die Poren.
Der weiße Milchglasglitzersee
hat seinen Halt verloren.

Die Sonne wirft ihr Gnadenlicht
auf meine Winterhände,
als ob sie mir dein Ja verspricht
und aller Ohnmacht Ende.

Der Fluss hat sich schon längst gewehrt,
er sprengt die harte Haut.
Dein Kuss hat meinen Mund geleert
und bleibt doch so vertraut.

Auf Bruch

Gierig leckt der Föhn
die weißen Wiesen grün.
Er bricht ins kranke Eis
und lässt den Schnee verblühn.

Noch schweigt der nackte Baum.
Getarnt bleibt seine Kraft.
Die Blätter schlummern satt,
umspielt von klarem Saft.

Die Welt bricht auf und wagt
sich in ein neues Jahr.
Der Winter geht und bringt
mir seine Opfer dar.

Ein schneller Eiskristall
erlischt auf meiner Hand.
Es bleibt ein Wunsch zurück,
wo einst der Schneemann stand.

Ich läute schon die Blumen.
Die Wasser taun sich frei.
Du füllst mein großes Warten
mit einem Frühlingsschrei.

Märzenbecher

Sie verneigen sich tief,
bevor sie sich öffnen.
Die vertrauten Farben
suchen noch Schutz unter
Blättern vergangener Träume.

Schon sind die Nester gefüllt
mit zerzaustem Flaum
und flammenden Mäulern
voller Verlangen.
Es zwitschern die Bäume.

Das Schilf der letzten Umarmung
spielt scharf und spitz
mit der fröstelnden Zeit.
Es hat mir die Hände zerschnitten,
bevor ich es brach.
Sie tränen, wenn sie dir schreiben.

Schneerosen lege ich bei.
Sie winden sich aus meinem Brief
und wurzeln in deinem Gesicht.
Wundre dich nicht,
wenn ihr Wachsen so tief
in dein Schweigen bricht.

Die Weide verstummt.
Sie bedauert
ihr schwellendes Treiben.
Hinter geblendeten Scheiben
keucht der Sommer und
lauert.

Frühlingswarten

Es ist zu warm
für diese Jahreszeit.
Nicht für mich.

Ich will es heiß haben
am Tag und
lau dann abends,
wenn das Windlicht
um sein Überleben
kämpft.

Quellende Blüten
umschäumen die Zweige.
Sie beugen sich
tief hinab.
Die Schwere lässt sie
die Erde riechen.

Ich warte.
Du wirst mir ins Haus
wehn.
Es ist schön
den Frühling zu
teilen.

tulpenleben

tulpen leben
strecken sich
stets nach oben
vasen halten
kaum noch stengel
kelche suchen
längst das weite

tulpen leben
werden anders
als gesteckt
neu im werden
öffnen sich
stark im sterben
unvergleichlich schön

tulpen leben
zeigen innen
kurz vor schluss
blenden strahlend
im vergehen
chrysanthemen
passen nicht

gräber voller
bunter tulpen
stehen auf mit uns

Gartentrilogie

1

garten
mich hungert nach dir
ich will deine erde schmecken
und meine hände betten
ins nass deiner kraft
du bist mir heimat und
neuland zugleich

die puppen rüsten sich
um zu gebären
libellen trocknen
die flügel noch
sind sie schwer vom
tau der geburt
das licht wärmt längst
schon den abgrund
der träume

das baumhaus der
kindheit nährt meine
ahnung vom leben in
fülle noch immer schaukelt
die matte im schatten
der blätter
alles wartet
das rauschen des flusses
umarmt mich wie einst
garten
du sättigst mich

2

ich pflanze den dotter in meine blumen
sie leuchten und schmecken mir saftig und
     gelb

ich läute die kelche
sie gießen ihr blau als glocken ins land

ich knote den frühling aus seinem nest
er zwitschert und kitzelt mir tau ins aug

ich öffne den zauber mit irdenen schlüsseln
sie wachsen und blühen mir aus der hand

ich winde den büschen eilige rosen
sie lieben sich duftend im dickicht der nacht

ich blume mein ringel in deine nähe
sie topft mich und nährt mich und setzt mich
     ein

3

Ich trage dich garten
am handgelenk
du fühlst meinen puls
du weißt wo der zeiger schon ruht
nachts wenn die kelche
sich öffnen

ich webe dich garten
als tuch in mein haar
du tanzt mit dem wind
du hörst meine locken noch atmen
stets wenn die hand
mich berührt

ich winde dich garten
als beet um den fuß
du wärmst mir den schritt
du trittst in die spuren vergangener tage
und pflückst mir die blumen
aus dem gesicht

ich träume dich garten
als bild in mein buch
du tränkst mir die seiten
du duftest nach blüten voller gedichte
und zeugst mir zärtlich
blatt für blatt

ich pflanze dich garten
mir mitten ins herz
du erdest den takt
du spürst wenn es zeit ist den
regen zu trösten und spielend
mein leben zu sein

Stundenflug

Die Woche heißt Mittwoch.
Du hast sie benannt.
Dem Alltag wachsen Flügel.
Ich fliege und die
Stunden mit dir.

Du pflückst meine Tage
und ordnest sie neu.
Ein Strauß voller Zeiger
duftet vom Blatt.
Ich rieche berauscht und der
Sommer mit mir.

Du brichst mir die Zeit
und atmest sie neu.
Die Unruhen warten
auf Ewigkeit.
Du läutest das Fest ein.
Ich klinge und komme
schon bald mit dir.

SOMMER

Wagnis

Noch wagen sich die Raben
in diese nasse Luft
und Regenpferde traben
durch schweren Juniduft.

Ich falle in die Zügel,
bevor der Sommer blüht,
und spreize meine Flügel,
bis mir das Haar verglüht.

Den Brunnen will ich meiden.
Das Licht hält sich im Zaum.
Die schwarzen Wolken weiden
im feuchten Nebelschaum.

Sie tanzen, ziehen, beißen.
Die Nacht bricht an und schreit.
Wir werden Träume reißen
in unsre Einsamkeit.

Sommer

Ich weiß,
der Sommer wird heiß sein und
unerträglich der Durst nach
Licht.

Wir werden ihn stillen mit Krügen
voll ungelebter Liebe.
Die Tage ersehnen ihr Ende und Nächte
besteigen das Bett,
das wir teilen mit denen, die nah sind und
fremd.
Wir werden uns hüten müssen.
Ungeschützte Gesichter werden
verbrannt.
Auch finden die Muscheln willig den Weg
ans Ohr derer, die
ahnen.
Die Süchtigen werden gefunden
vom Mond, der weiß um die Träume
der Zeit.
Zäh fließt die Luft und wir schenken
uns nach, ohne zu
trinken.

Ich weiß,
der Sommer wird heiß sein und
ungefüllt die glühenden
Schalen.

rittersporn

du willst mich
nachts
wenn die kelche sich schließen
und rittersporn stürmt aus dem nass

du willst mich
nachts
wenn die erde getränkt ist
mit träumen voll tosender gischt

ich will dich
nachts
wenn auch wir uns erkennen
mit alttestamentlichem blick

nocturne

nachts
wenn die übergriffe
auf mich
dem schlaf erliegen
kreisen
gedanken

nachts
wenn die zaubermänner
ihren stern verlieren
gebäre ich
musik

nachts
wenn die lügenbarken
mein bett umkreisen
höre ich
hinein

nachts
wenn die regenamsel
ihr nest verlässt
atme ich
klavier

um haares breite

mit deinen haaren möchte ich spielen

den umhang lösen und warten
bis die vögel es von den felsen pfeifen

sandalen und hosen ablegen
und mit ihnen alle verantwortung

in deinen höhlen möchte ich knien und
    hoffen
dass keiner den ersten stein wirft

spazieren werde ich mit dir
am abhang entlang

sackgassen nehmen wir in kauf

den rücken werde ich dir stärken
und du wirst mich lehren
gegen windmühlen zu singen

gemeinsam werden wir das
unmögliche möglich machen

Heimkehr

Es sind über Nacht
nicht nur die Rosen
erblüht.
Auch die Sandalen treiben aus,
umwerben die leichten Füße
mit sprechenden Rosen.
Hauchdünn,
verheißungsvoll,
schmiegt sich
das goldene Netz um
die wartenden Schultern.
Sie wird bereit sein für
daheim.

Die Ahnungslosen kosten
Lampone und Pinie,
Birne und Apfel,
ohne zu wissen,
dass Honig fließt
in der schweren Luft
und die Sonne sich
satt
fallen lässt in den
Schoß des Meeres.
Lau sind die Lieder
der Muscheln und
hörig die Köpfe der Bäume
dem spielenden
Wind.

Dann,
unerwartet,
bricht es hervor.
Grünblau.
Sie weiß, sie wird malen.
Wie damals.
Und draußen singt ein
Zitronenbaum.

HERBST

Herbstfrucht

Mein Kürbis hält Ausschau nach dir.
Er öffnet die Schale und lüftet
das Fleisch. Die Kerne umtanzen
den duftenden Schoß.
Sie träumen vom singenden Öl.
Es salbt dir den Mund und
tropft uns ins Herz.
Ich gieße das Öl ins Feuer der Nacht.
Es schwärzt dir das wartende Haupt.
Mein Kürbis bricht auf und
ich mit ihm.

Wir stehn dir schon bald ins Haus.

Herbst
durchs Fenster betrachtet

Föhn spielt im Grasmeer.
Silberne Fische gehn ihm ins Netz.
Er kämmt die Halme und
ordnet sie neu.

Die grünen Decken warten
nicht nur auf Blätter,
herabgeküsst
vom tanzenden Wind.

Sie nähen einander fest und
wärmen den Zauber
der wartenden Welt,
verwurzelt im tiefen Schoß.

Sie wissen vom weißen Schlaf
und von blinden Nächten,
durchwacht mit Gewissheit
auf erdenen Kissen.

Ob du bald kommst,
weiß ich nicht.
Die Tage sind voll und leer,
bereit das Jahr zu füllen
mit flatternden Träumen.

Es wächst kein Gras über
die Zeit mit dir.

Herbsttag

Die Blätter glühn der Erde entgegen.
Sie träumen von Kohle, schwarz erst, dann rot.
Ich will mich auf laue Windbesen legen
und wärmen den wartenden Tod.

Die Bäume ertragen die hexenden Raben.
Sie spinnen ihr Netz für die Zeit danach.
Der Honig rauscht in üppigen Waben.
Die Alten liegen draußen noch wach.

Die Kürbisse geben ihr Erz noch nicht preis.
Sie stehlen der Sonne das Angesicht.
Ich atme die Farben im endlosen Weiß
und taste nach Erde und Licht.

Herbstgedicht

Nicht nur das Licht streift
die Schatten der trächtigen Reben.
Nicht nur die Trauben springen auf,
prall gefüllt von heißen Tagen.
Nicht nur die Felder lauern nackt
der alternden Sonne auf.
Macht nichts, sagt listig der Bauer,
und ein Fuchs spielt hungrig
im Weinberg.

Definition

Herbst ist die Jahreszeit,
in der die Trauben
für all jene
zu hoch hängen,
die durch Felder streifen.

Herbst ist die Jahreszeit,
in der Füchse
sogar
Trauben fressen.

Herbst ist die Jahreszeit,
in der alle
Satten
„Macht nichts" sagen.

Herbst ist die Jahreszeit,
in der nicht nur
Früchte
an Bäumen hängen,
sondern auch
Menschen.

Herbst

Der Herbst häkelt sein Netz.
Die Blätter gehn in die Falle.
Die Bäume versagen.
Sie sind opferbereit.
Den Samt des Sommers
werfen sie ab.
Protestlos.

Die Kürbisse glühen
und brechen auf.
Die Kerne fließen schon bald
schwarz, träge und listig.

Der Herbst stiehlt mir den Tag.
Er schneidet die Jahre
aus meiner Glut.
Vernichtung ist Absicht
und Hoffnung ein Keim.

Laubgedanken

Leise weint der Garten.
Die Bäume, sie sind leicht
und warten, wenn die Vögel weggezogen,
auf ihr betörendes Vielleicht.

Suchend schlüpft mein Haus
in seinen Winterschlaf.
Der starke Ast spannt seinen Bogen
und wirft die Netze aus.

Das fahle Licht macht sich bereit
für träumend lange Nächte.
Wenn doch der Herbst dich brächte
in diese Nebelzeit!

Ein Blatt von dir befliegt
mein Laubgedankennest.
Ich halt es fest,
und wenn der Winter siegt,
hebt sich mein Wort und schreit.

Ahnung

Wenn dieser Wind eine Ahnung hat
von den Stunden, geteilt mit dir,
dann hebt er die Blätter wie Flügel an
und schreibt auf befreitem Papier.

Ein Schleier von Regen berauscht die Welt,
bereit deine Augen zu lüften.
Die Astern künden vom eiligen Herbst
und tänzeln mit ihren Düften.

Der Garten erwartet die Schwingen des
        Schnees
und legt sich zum Träumen bereit.
Ich öffne die Dächer und wende die Türen
und trinke dich, wenn es einst schneit.

Zenit

Der Zenit ist überschritten.
Die zweite Lebenshälfte flirtet.
Ich gehe auf Distanz.
Hungrige Träume erzwingen Interesse.
Ich stelle keine Weichen.
Männer betreten die Bühne.
Ein Schlag trifft mitten ins Gesicht.
Ich wäge ungenau ab.
Das Dazwischen füllt den Raum.
Es lässt mich werden.

WINTER

Gruß

Es schneit in meinem Land.
Mit jedem leichten Fall
erwacht ein Eiskristall
und wächst in deiner
Hand.

Tages An Bruch

Es hat der Schnee in einer Nacht
die Eiben rasch zu Bett gebracht.
Verstummt, erstarrt und beerenlos
streckt jede sich aufs blinde Moos.

Der Fluss haucht seine weißen Träume
wie Tücher um die nackten Bäume.
Ein Reiher lässt sich wartend nieder.
Er webt sich Fische ins Gefieder.

Mit seinem Schrei erwacht der Tag
und alles, was im Dunkeln lag,
bringt sich ans Licht.
Der Zauber schweigt und bricht.

Kalligraphie

Hörst du die Kiefer schrein?
Sie weiß schon lang Bescheid.
Der Schnee wird trotzig und hart sein.
Die Nadeln duften nach Leid.

Die Weiden verbeugen sich tief.
Sie sind zum Tragen bereit.
Als ob der Winter sie rief
mit kalter Beharrlichkeit.

Die schwarzen Zeichen betanzen
das wartende, warme Papier.
Ich werd eine Linde pflanzen,
als ein Geschenk von mir.

Schnee Treiben

Es schneit.
Der Kater sucht den Schoß,
als läge er ganz bloß
und nur für ihn bereit.

Er fühlt mein Warten.
Ein zarter Eiskristall sucht,
lange vor dem leichten Fall,
sein Grab in meinem Garten.

Es lehnt der Schnee sich an den Baum
wie einst mein Sein an dich.
Dein Stamm erwartet mich.
Ein Bald erfüllt den Raum.

Mein Schnee ist leer

Mein Schnee ist leer.
Kein Eiskristall erwacht
im dumpfen Licht.
Du kommst nicht,
wenn das Jahr sich neigt
und auch die eine Nacht
singt längst nicht mehr.

Die Sternenstraße fließt.
Es träumt der große Bär
von einst und schweigt.
Der Götterhimmel lacht.

Gib acht,
wenn du die Milch vergießt,
bleibt stumm dein Blick
und schwer.

Reisende Gedanken

Nägel voll Stroh
brennen im Kopf.
Bagger beleuchten ein
Haus mit Kanal.
Alle Bewohner suchen.

Sparflammen leuchten
mitten ins Herz.
Nächtelang reisen
Steine im Magen.
Türen schließen – und
nur ein Bein.

Atmen ist jederzeit
möglich. Und doch
gehen wir langsam.
Polster – gefüllt mit
schnellem Schlaf –
betten die wunden Finger.

Treppen voller Stunden
warten auf uns.
Sparen adventlich
die Zeit uns ein.
Lange am Weg schon
duften Gedichte.

Tango zur Weihnacht

In meinem Fenster tanzt
ein Mistelzweig.
Die Milchglasbeeren zittern am Arm
der wartenden Weide.

Sie trauern um dich.
Es fallen die Blätter wie Seide.
Die schlafende Erde war
gestern noch warm.

Ich schneide in Zaubernächten
den heißen Kletterstrauß
und schmücke die nackten Türen
in meinem Sehnsuchtshaus.

Ein Rabe kommt und liest
von Frost und Wintermüttern.
Ich will die Vögel heut
mit leeren Küssen füttern.

Dann bring ich Träume dar,
damit sie Weihnacht brächten
und Lichteraugen auch für mich.
Sie werden dich berühren.

Quer

Die Misteln sind zerschellt.
Ich bin erwacht.
Die sichelwunde Nacht
hat kaum ein Stern erhellt.

Ich trete in den Winterraum.
Der Schnee ist alt und bleich.
Ein Mond betanzt den starren Teich.
Die Bäume atmen kaum.

Der Sturm hat einen Ast gefällt.
Er legt sich quer und schreit.
Der Zauber ist Vergangenheit
und du verlässt die Welt.

Vielleicht

Vielleicht verheilt das Glück
mit dem Atmen der Zeit
und Alltag bleibt vernarbt zurück.

Vielleicht verwunden wir uns
nicht mehr mit Küssen wie
Kinder, die spielend töten.

Vielleicht vereist das Jahr
die Schlüssel der Hände und lässt
sie ruhen im sicheren Schoß.

Vielleicht wird es leicht sein
die Träume zu töten
wie junge, gefallene Vögel.

Vielleicht löscht der Schnee
das Lodern des Wartens und
blankes Jetzt ruft zum Schlaf.

Der Baum von einst

Die Eiben neigen sich.
Es schneit.
Der Garten atmet schwer.
Er ist bereit
für diese lange, weiße Nacht.

Mit einem Traum im Arm
bin ich erwacht.
Ein blauer Pfau schärft seine
Krallen.
Ich fühle dich.
Mein Bett ist leer
und doch gefüllt mit
Sommerlicht.
Es hüllt mich ein.

Der Baum von einst
entwächst den Federballen.
Er singt und wartet nicht,
bis blass der Tag anbricht.
Er weckt dich sacht.

Es duftet nass nach Wein.
Die letzten Sterne
fallen.

Wenn

Wenn mein Mittag dein Morgen ist
und deine Hand mein Traum,
dann hefte ich Worte wie Seidenpapier
an meinen zerpflückten Saum.

Ich stecke sie fest mit duftenden Nadeln
und gieße den singenden Baum.
Er wartet mit mir, bis du einst kommst,
zu blühen wagen wir kaum.

Die Zaubernuss grüßt den gnädigen Schnee
mit eifernden, wissenden Blüten.
Du aber bleibst die Frage nach Sinn
in all meinen flutenden Mythen.

Winterfedern

Noch einmal wirft der Winter
die letzten Federn ab.
Sie tanzen leicht und voll Gesang
aufs warme Erdengrab.

Die kalte Zeit war lang
und voller Eiskristalle.
Sie trug die Bilder alle
von dir und unsrer Zeit.

Das Holz pulsiert.
Es schlägt den Takt
zum Schneegestöberspiel.
Ein heller Federkiel
bestaunt die Welt.
Es friert.

Ich fühle deinen Schritt.
Der lang vergessne Klang
verliert sein Winterkleid.
Du gehst nicht mit
und Sommer ist noch weit.

Ich atme dich
und falle.

Engel in meinem Garten

Er stellt dir den Fuß ins Gesicht,
immer wieder neu.
Gestanzte Löcher tanzen scharf
auf glattpoliertem Leder.
Du aber neigst das Haupt
und lächelst.
Ich weiß, du wirst die Schnüre lösen,
nackt und mit geschlossenen Augen.
Du, Engel in meinem Garten,
wirst warten,
bis er die Tritte zügelt,
die Marschpferde am Zaum nimmt
und seine Schuhe entbindet
aus deinem Schoß.

Du hältst stand.
Viele Winter schon.
Du träumst mit mir vom Duft
der zapfenprallen Pinien
und singst mir des Nachts
die laue Melodie
der meeresgrünen Zedern,
denen nicht nur Wege und Hügel
    gehorchten.

Du hältst stand.
Den kugeläugigen Fisch im Arm
heißt du Luft speien.
Die Wasser sind schon längst verspielt.

Du erinnerst dich,
schon kurz nach deiner Geburt
begann das Versiegen.

Du, Engel in meinem Garten,
entschärfe seinen Schritt und
weise uns blühende Wege
wie einst.

Noch einmal

Zerzaust ragt der Baum
ins Nichts. Sieh, der Himmel schreit.
Auch ich werde alt.

Der Berg trägt noch weiß.
Schon bald glüht der Schnee und geht.
Ich taste nach Halt.

Der Wechsel der Zeit
berührt auch mich. Die Sterne
zerfallen schon bald.

Der Fluss trinkt das Eis.
Dein Kuss ist satt und müde
der Liebe Gewalt.

Noch einmal leg ich
die Finger auf deine Haut.
Das Läuten verhallt.

Zurück bleibt dein Bild.
Der Spiegel zeigt die Jahre
in mein Gesicht gemalt.

Ver Lust

Der Schnee von gestern
verlässt den Baum.
Der Abschied fällt leicht und weich
von Ast zu Ast.

Du aber gehst mit Eis im Haar.
Dein Schritt ist heiß
und voller Hast.

Den Spiegel im Teich
siehst du kaum
und das Zittern nimmst
du nicht wahr.

Mein Kleid bleibt weiß
und bitter schmeckt
mir dein Lassen.

NACHKLANG

Und doch

Die Nacht ist leer.
Der letzte Stern gelöscht.
Der Schnee vereist die Wunden nicht.
Und doch
berührt dein Mond mein Haus.

Die Wolken werfen wirre Schatten.
Zerbrochen klirrt das Firmament.
Die Sonne taucht in schwarzes Salz.
Und doch
erreicht dein Fluss mein Bett.

Die Berge öffnen ihre Mäuler.
Verschlingen Licht und Horizont.
Die Bäume treten aus dem Halt.
Und doch
erkennst du mein Gebet.

In Erwartung

Es ist schon lange her,
dass du die Kelche meiner Blumen
geöffnet hast.
Den nackten Engel friert
im Garten.

Der Fluss trägt starre Inseln.
Zwei Raben folgen ihrem Schrei.
Geduldig wartet die Weide
auf bessere Tage.

Spuren sind in den Schnee
gemeißelt.
Sie führen zum Haus.
Deine sind nicht dabei.

Es wird tauen.
Vielleicht morgen schon.
Das Wasser klopft unter dem Eis.
Ich werde öffnen und
du wirst mich betreten.

Alles wird blühen zum Fest.

Hinter Lassen Schaft

Meinen Himmel durchkreuzen
die vielen Kondensstreifen,
die du hinterlassen hast.
Sie pflügen weiße Spuren
ins alternde Licht.

Meinen Baum umtanzen
die wartenden Blätter,
die du nicht beschrieben hast.
Sie bedecken die Erde
mit keimenden Worten.

Meinen Teich füllen
die wenigen Stunden,
die du mir licht warst.
Sie finden noch immer
zu mir zurück.

ver wund bar

du pflügst deine spuren
ins suchende land
vielleicht heilt die zeit

gesät sind die muscheln
und hohl die hand
vielleicht heilt die zeit

du bläst dein salz
in mein duftendes ohr
vielleicht heilt die zeit

und regen bringt
läutendes holz hervor
vielleicht heilt die zeit

die narben spielen
im wartenden licht
vielleicht heilt die zeit

und sehen die warnenden
zeichen nicht
vielleicht heilt die zeit

verwunde mich neu
    mein liebster
        noch heut
        macht mich dein
        wollen zum klingen
bereit

Mir träumte

Mir träumte gestern Nacht
es flögen,
leer in ihrer Pracht,
zwei schillernd schwarze Möwen
in mein Gedankenland.

Sie bauten sich ihr Nest
in meinem brachen Schoß
und flatterten zum Fest.
Die Federn lagen
bloß
in meiner hohlen Hand.

Ich nähte mir daraus
mit roten Stichen
ein Vogelfraugewand,
und auch die Sonnenlöwen
wichen
meinen Liedern aus.

Nur du nahmst blauen Flaum
aus meinem feuchten Haar.
Und kaum
berührt ich deine Haut,
zärtlich und vertraut,
entschwand mein Vogelpaar.

Ich schloss die welke Hand,
im Mund Geschmack von Glück.
Zurück
blieb nur der Sand
in meinem wachen Blick.

schranken

wir haben uns
in die schranken gewiesen
mit asche am haupt
und halbem herzen

dein letzter kuss
reißt alle wunden auf
du schmeckst nach
gestern und morgen

zurück

weiße lust riecht nach mehr
salzig bleibt das erinnern
du schmeckst mir nach niemals vergessen

hellblaue trauer webst du ins haar
ich schüttle den kopf und die perlen
glänzen nicht nur im blick

rote verschwendung all meiner sinne
ruft mich zurück. ich tauche
entblößt in die alte welt

Endlich gelebt

Irgendetwas hält mich davon ab
leicht zu werden im Sprung,
hoch, über alle Netze hinweg.
Nein zu sagen, wenn es reicht,
satt schon lang zuvor.

Irgendetwas hält mich davon ab
loszuschreiben, laut und leise,
jahrhundertelang geübt.
Das zu sagen, was ich bin,
in blühenden Gedichten.

Irgendetwas hält mich davon ab
Wasser zu schöpfen
aus endlich gelebten Träumen.
Samba zu atmen
an Stränden voll salzigem Licht.

Irgendetwas hält mich davon ab
deine Haut zu schmecken.
Mich endlich lieben zu lassen,
haltlos, rot und blau verwebt
im Hoffnungskleid der Braut.

ungeheure vernunft

lass doch die züge
rattern im schlaf!
lege die schienen
quer in den traum!

flattern schon werden die
eulen und dann
hebt sich die sphinx.
tasten bespielen dein herz.
tiefere töne suchen verstand.
teufel saugen die
milch aus dem blut.

löse die beine und
hebe dein haupt!
„denke, so bist du"
tötet das leben.

Zazen

Die Worte fallen ins Nichts.
Ich pflücke die lautlose Zeit.
Wie Boten des stummen Lichts,
so machen sich Silben bereit.

Der Meister legt Hand in Hand
und Rauch verneigt sich und singt.
Er knüpft aus dem Jetzt ein endloses Band.
Ein Ton berührt und verklingt.

Die Stille legt ihren Mantel um,
bereit meine Mitte zu spüren.
Ich fälle den Kopf und werde stumm.
Ein Ahnen wird mich berühren.

Schreiben

Ein großes, drängendes Warten
erfüllt die lauernde Luft.
Die schmerzenden Chrysanthemen
ersticken an ihrem Duft.

Jene, die Zuflucht nehmen
in meinem gebrochenen Haus,
schließen den alternden Vorhang
mit selbstvergessnem Applaus.

Es tanzen die geifernden Schemen
um meinen Tee. Er ist kalt.
Aus gelben, zerbrochenen Tassen
ragt grau der Garten und alt.

Ich bin besessen, verloren,
mein Stift ist trotzig und stumpf.
Ein Hund wird schmerzvoll geboren,
dein Lächeln bleibt einsam und dumpf.

friedhof

knorrige eichen am eingang
nebelschwaden
ein stiller gang
die luft ist schwanger
vom schwarzen wind
ich bin noch einmal

davongekommen

Memento mori
oder
Hellbrunn am Aschermittwoch

An der Haltestelle
wartet ein Geier
auf den nächstbesten Tod.
Ich warte mit ihm.
Das Aas von heute
gebiert ein Morgen.
Der Vogel erhebt sich
zum Festmahl.
Es ist auch mir bereitet.

Der Bus hält ahnungslos.
Ich besteige das Leben.
Der Kreis schließt sich.
Die Sterne des Gartens
schmecken nach Fleisch.
Ein Hauch von Himmel
haftet im Haar und duftet
nach Frühling und Werden.

Noch lange trägt mich
der Schrei des Phönix. Er streut
mir Asche aufs Haupt.
Sie wird mir zum Brunnen.
Das Trinken fällt leicht,
denn das Eis ist alt
und die Felder gedüngt
mit den Träumen
des Winters.

Die Fenster verweigern
stauberblindet
die Antwort.
Gedenke Mensch –
und draußen blühen die
Weiden.

Bilanz

Was ist schon ein Jahr?
Schneerosen im Haar
und Tulpen als Antwort
auf dein spielendes Fort.

Lilien in Träumen
und wenn man erwacht,
Herbstzeitlosen bei Nacht.
Nester in alternden Bäumen.

Was ist schon ein Tag?
Schwebende, suchende Stunden
von schwarzen Sternen umwunden,
die niemand zu sehen vermag.

Was ist schon ein Leben?
Weiden am Fluss
und ein flüchtiger Kuss.
Tanzen, fallen und
geben.

Über die Autorin

Gerlinde Weinmüller wurde 1960 in Salzburg geboren. Nach dem Studium der Germanistik und Theologie unterrichtet sie Deutsch und Religion am Bundesgymnasium Nonntal. Sie lebt mit ihrem Mann und ihren beiden Kindern in Niederalm bei Salzburg.

Schreiben bedeutet für die Autorin Abkehr von außen, Einkehr bei sich selbst und schließlich auch Rückkehr ins pulsierende Leben. Sie will mit ihrem Schreiben in Dialog treten: „Schreiben selbst ist schon spannend, aber ich denke, das Abenteuer beginnt erst, wenn der Leser ins Spiel kommt."

Gerlinde Weinmüller schreibt Lyrik und Prosa, vor allem Kurzgeschichten, und arbeitet zur

Zeit an einem neuen Lyrikband und einem Roman.